目　錄

Part 1. 起心動念皆是善　　　　　　　　　　018

心田要多播善種，多一粒善的種子，就可減少一枝雜草。土地不耕種，雜草必叢生。所以，行善要日日行、時時行、不斷去行。哪怕只是舉手投足，也要存一分善念。

——《靜思語·第一集》

Part 2. 成為「剛剛好」的人

「善」的意思是適度、剛剛好。不偏不倚、不極端、不會愛得太過分、也不會產生怨恨心。在人與人之間，沒有不平等的分別心──對自己所愛的人，能以智慧斷除占有的感情；對自己不愛或不投緣的人則能盡量善解以好的心念去對待。

──《靜思語·第一集》

Part 3. 一點一滴都是善

力量、因緣會合起來，就能成就無量功德。有多少能力就做多少事，莫輕小善而不為，更莫貪積財物而不捨。

──《靜思語·第二集》

只要有因緣能付出，就要把握因緣去做，若沒因緣，事做不成；有因緣不做，心裡空虛。所以要把握因緣，該做的事要勇於承擔，做得輕安自在，就是法喜充滿！

——《二〇二一年辛丑夏秋大疫大教育》

Part 5. 走在善的道路上

我們做事，一定要很「真」，這就是我做人的原則，很純真還要很
誠懇；真還要「實」，實實在在，同樣要實在得很有誠意；還要更
「善」，從過去一路走來，步步都踏在善的道路上，用善良的心在
人間道上一步一步踏實走。

——《證嚴上人衲履足跡二〇二三年秋之卷》

後 記
一點一滴累積，傳遞愛與善　　　　　　　　　　　　蔡青兒　*226*

時時歡喜付出，日日祥和平安

釋證嚴

時日匆匆，時間過得真快。出版《愛，最好的祝福：靜思心靈小語》這本書已是二○二三年十月底的事，一轉眼，將近半年又過去了，現在已是二○二四年四月底了。

最近幾年來，世界動盪很不平靜：氣候變遷，地球暖化，天災人禍不斷，許多地方都有災情、疫情發生，很多人遭受災難、病痛，甚至失去生命。世間無常，二○二三年，大家才稍微走出新冠疫情的陰影；二○二四年四月三日上午七點五十八分，花蓮近海發生芮氏規模七‧二地震，最大震度達六級之強。國土遭受倏忽而至的極淺層強震，大家都受到極大的驚嚇。

自地震發生的那一刻起，為師憂惴難安，分分秒秒都關注著新聞訊息，內心備受煎熬；想到受災鄉親的倉皇失措，救難人員不計危險展開緊急搜救，如同身受。

感恩慈濟菩薩立即成立「強震應變中心」，關注震後狀況，隨時準備啟動援助。花蓮慈濟醫院也在第一時

間啟動「中級急診紅色九號」應變機制，救治大量湧入的傷患。靜思精舍師父們也即刻備辦熱食便當，送到現場。在花蓮德興棒球場、中華國小、化仁國小等避難收容中心，即時提供帳篷、福慧床、隔屏、環保毛毯、熱食、飲用水等生活物資，關懷受災鄉親及救難人員。

　　大台北地區也有民宅因安全疑慮撤離安置，北區慈濟菩薩聞聲救苦，立即備妥熱食便當，一一至安置飯店向災民致意，親口祝福平安。同時慰勞辛勤的救災、警消人員，協助避難中心搭設福慧床、提供毛毯、生活物資等溫暖關懷。

　　值此災難頻傳之際，更需要大家同心協力，共度難關。師父常說，大自然的威力不可輕忽；我們同處在一個地球村，更要戒慎虔誠，疼惜萬物，守護環境。因此一再提倡儘量以健康蔬食平衡生態，期待風調雨順，天地平安；因為唯有善念常存人心，人間才能福緣廣聚。

可以生而為人，是一大福音；因為人間才有因緣可以修行。在人間才能鋪一條真正的修行路。其實人生無常，人間也無常，時間匆匆消逝，你永遠不知道「無常」先到，還是「明天」先到？所以，我們要好好把握有幸得人身的數十年時間，發揮量能，為人群付出。

　　「諸惡莫做，眾善奉行」，這是佛陀的教法。我們要教育人間，就要鼓勵人人行善，而行善是要從哪裡開始？

　　行善，從每天醒來的第一念開始，就是要祝福天下平安。如果每個人的起心動念都是「善」，時時感恩、時時造福；多去啟發別人的善念，多一個人心存善念、再多一個人善念不斷，匯聚無數人的善念就有無量的福，無量的福就能消弭災難。多人行善，地方就能平安；守好善的念頭，自能遠離惡心惡行，避免許多擾亂世間的禍端。

其次，要時時提醒自己成為「善」人。人人都有善心，但也都有習性，必須與自己競爭，堅持向善向上，精進不懈怠。保持寧靜的心，人我是非當教育；將無明狂風轉化為滋養心地的春風，不偏不倚、不極端也不過分，就不會產生怨恨心。

「一眼觀時千手動」，慈濟有無數的志工，平日到處可見這些人間菩薩的身影，一旦世界各地發生災難時更是即刻動身馳援。這就是行善的第三與第四個方式：一點一滴都是善，而且要日日行善、把握可以做善事的好因緣。

我常說，莫因善小而不為，累積小善成大善也能造福人群；不要輕視自己的力量，世間善事沒有做不成的，也沒有人沒能力而被排斥，只要肯做，累積點點滴滴的善行，一旦因緣會合起來，沒有事不能成。也不要以為，必須等到有能力再去行善；「世間無常」，只要有因緣願意去付出，就要把握因緣即知即行。不

要擔心沒有錢或沒有能力,再窮、能力再微薄,只要有心也能布施助人。

佛陀說:「生命在呼吸間。」人無法管住自己的生命,更無法擋住死期,讓自己永住人間。既然生命去來如此無常,我們更應該要愛惜它、利用它、充實它,即便是無常寶貴的生命,同樣能散發它真善美的光輝,映照出生命真正的價值。

這是第二本將《靜思語》搭配「光影詩人」李屏賓居士精彩作品的書。很感恩李居士再度慷慨提供於世界各地工作之餘所拍攝的影像,也期待讀者閱讀時依舊能從中獲得屬於自己對於「善」的理解,並實踐於日常生活中。

人生的路,要很清醒的走;人生的旅途,每一步都要踏踏實實走在善的道路上。生命無論長短,只要真實付出善念、日日行善,就是很美的生命樂章,也是送給自己最美好的生命禮物。

沒有目的的時候，
收穫最大

李屏賓

在我四十七年的電影攝影生涯中，電影的拍攝過程，多半是以專業的機器，運用光影變化之美，完成作品；工作之餘，我會拿出隨身攜帶的傻瓜相機或手機隨手拍，捕捉當下的心情與心境。無論是一片落葉、一大片樹林、不同的雲、或是不同的海，我拍下的，都是在尋找生命會遇到的東西。

　　這些最質樸、完全沒有處理過的畫面，在靜思書軒營運長蔡青兒的提議下，結合了證嚴法師的《靜思語》，在去年十月底出版成書《愛，最好的祝福》，對我而言，是一種很特別、殊勝的因緣。現在第二本《善，最好的禮物》也要出版了，我心中的喜悅難以形容。

　　我在《愛，最好的祝福》的前言提到，我內心深處是一個時時刻刻都想回家的人，但我一生熱愛的電影工作，卻是一個讓我回不了家的行業。很長的一段歲月，我總是從野地歸來。電影把我帶到了我想像之外，無法抵達的天涯海角。但翻閱書稿時，那些埋藏在腦海深處

的記憶，總會隨著一張張的照片浮現。尤其是跨國合作中的難得經驗，那些過程中的磨合，從原本可能的敵對、很容易失敗，到最後大家「不打不相識」，變成好朋友，一一浮現腦海。

二〇一〇年之後，我就不接大製作了。一來因為年紀大、家庭壓力也輕了；另外則是，我有知名度、也有很好的經驗，我想多跟年輕人合作，帶他們走直接的路，也幫助他們比較容易籌到資金。這讓我自己獲益良多，可以走出框架與瓶頸，在很新、跟帶點沒有經驗的要求裡面，找到新的方式、新的角度。

攝影多年，我認為作品不會每次都成功，但是每一部作品都是我全力以赴、拚盡全力完成，也都讓我刻骨銘心；因為每個都是不同人的人生，而我一起參與了。我年輕的時候經驗不豐富、技術不純熟，但是敢冒險、敢嘗試、敢突破、敢面對失敗，因此有機會走更遠。有困難，才會往前躍進；對前途有困頓的時候，人就會激

發出一股無形的力量。

我年輕時，曾經想過要當導演，但寫了兩個故事都失敗。在當攝影師二十年之後，我明白了「每拍攝一部，就多一個人生」，想當導演的念頭，只是因為想讓人關注。明白這點之後，「導演」的名稱對我已經沒有吸引力，我只想多享受、多接觸、多跟年輕導演合作，看到更多不同的人生樣貌，過了至少幾十個不一樣的人生。攝影工作給了我很豐富的人生體驗，不貪心的時候，就收穫更多。

我跟母親的緣分淺。我父親很早過世，母親住鳳山，我很小就離開家，到台北的國軍教養院，寒暑假才能回去。當時窮到只能買月台票，再設法回鳳山，我的「江湖臉」就是那時候慢慢養成的。我在中影工作十一年，薪水袋沒有打開過，每個月都給母親，是基於對母親的愛。

媽媽一直不知道我到底在做什麼，直到她跟我一起

去參加挪威奧斯陸的南方電影節，才知道我的工作樣貌。我一九八八年就去了香港，在家的時間就只有在中影工作的那幾年。之後我就算從洛杉磯到巴黎，即使繞一大圈都要經過台北，盡量跟母親在一起。擔任台北電影節主席時，我也不去住大會準備的飯店，就算母親已經往生，我也幾乎都住母親家，家的感覺對我而言很重要。

　　這幾年我回台灣，有機會與青兒聚會時，都會分享彼此生活上或工作中的事，也因此知道了青兒在全台各地校園設置靜思閱讀書軒的計畫。青兒分享了很多動人的故事，我覺得她做的事很有意義也很重要，希望也能盡一己之力，於是以母親的名義認養了一間靜思閱讀書軒。

　　青兒在這本書的後記中，提到一段上人與小女孩尹甄的對話，特別讓人動容。她也提到我以母親名義認養閱讀書軒這件事，其實我做的事很一般，青兒卻一直感

念在心。我想，上人無處不在的愛與善，的確引導與影響了無數的眾生。

　　我拍的電影，希望光影能說話，影像能動人，畫面能傳達如文字的魅力，也希望這本書中的照片可以讓影像文字化，讓每個人有不同的詮釋。未來，我希望自己繼續往前走，繼續學習，與時俱進，也還會繼續練習，拍新的照片。我想拍那些最弱小的生命，春、夏、秋、冬，隨著季節的變化，發芽、茁壯、成長、繁衍，在風雨中依然綻放美麗與動人的樣貌，持續與大家分享。

　　隨手拍下這些照片時，我完全沒有想到它們可以做什麼用途，更沒想到會跟證嚴法師的文字放一起出書，得到這麼大的榮譽跟內心的祝福。可以說，沒有目的的時候，收穫是最大的。

Part 1

起心動念皆是善

心田要多播善種，多一粒善的種子，就可減少一枝雜草。土地不耕種，雜草必叢生。所以，行善要日日行、時時行、不斷去行。哪怕只是舉手投足，也要存一分善念。

——《靜思語·第一集》

每個人的每一天醒來的第一念，就是要祝福
天下平安。每個人多啟發別人的善念，多人
行善、地方就能平安。

——《二〇二一年辛丑夏秋大疫大教育》

一念心轉善，是人間淨土；一念心轉惡，

是人間地獄。

——《靜思語·孝為人本》

一念錯，則步步皆錯；一念善，
則事事造福。

——《靜思語·第三集》

我們若要祈求平安，就要時時感恩、時時造福；只要多啟發別人的善念，多一個人的善念、再多一個人的善念，無數量的善念就是無量的福，無量的福就能消弭災難。

——《二〇二一年辛丑夏秋大疫大教育》

起一念惡，消滅一切善；起一念善，
破除百種惡，善惡只在一念間。

—— 《靜思語‧孝為人本》

天下一片地，眾生共生息；心寬讓一
寸，善念息爭端。

—— 《靜思語‧孝為人本》

一念善心起，就是一分愛的妙法；不要將人事當是非，而是將是非當作教育，如此則能「人圓、事圓、理圓」。

——《普天之下沒有我不原諒的人》

業，有善業、惡業；心是善則念念都是愛，心是惡
則念念都是惡。

——《二〇二一年辛丑夏秋大疫大教育》

播下一粒善種子，可以生出無量無數
善種；多啓發一分愛心，就能爲社會
成就無量無數好人。

——《靜思語·十在心路·參》

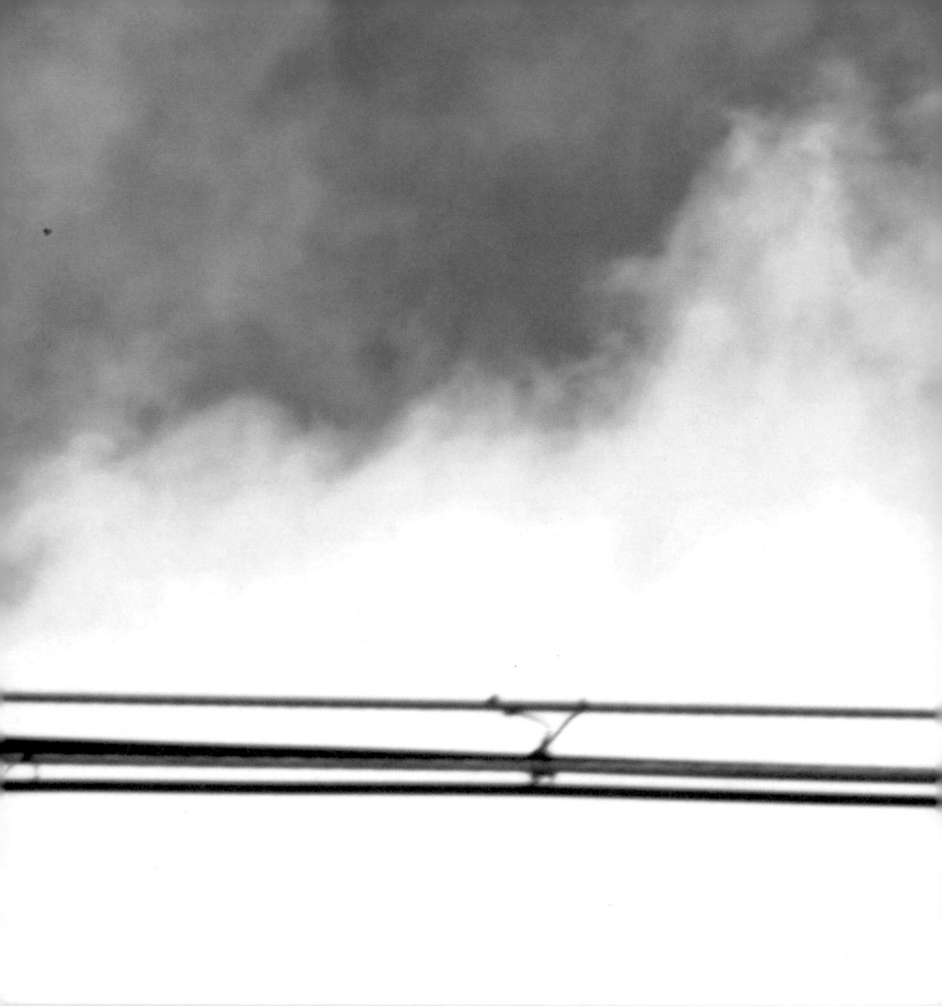

一切唯心，只要心有所想，對方就能現身在自己的心腦裡。所以我們要提醒人人，人人一念心善，普天之下就能平安祥和；人人心無規則、心思混亂，普天之下就會跟著動亂不安。

——《二○二一年辛丑夏秋大疫大教育》

一念惡生，煩惱束縛，身心陷苦；
一念善生，脫困造福，身心自在。

——《人間清涼境》

守好善的念頭，就能遠離惡，避
免許多擾亂世間的禍端。

——《證嚴上人衲履足跡二〇二三年秋之卷》

世間都是無常，凡夫心容易起伏，時常善惡拔河；
不過只要心智堅定，就能戰勝惡念，所以心念要時
時照顧好。

——《普天之下沒有我不原諒的人》

善是利益，惡是損害。一念之非即種
惡因，一念之是即得善果。

——《靜思語‧第一集》

用心除草、勤施肥，還要不時以陽
光、水分滋潤心中的善種子。

——《靜思語‧十在心路‧壹》

每一個人，每一天，每一個時刻，心靈起心動念都是一念好心，才能真正的日日心生善念，這種日日心生善念，才能讓天下日日平安、家家平安、人人身心輕安自在，這都要我們時時刻刻念念為善。

—— 《證嚴法師菩提心要》20121011

非來變為是，惡來即成善，任何是非
皆善解之，則無是非。聽到任何是非，
要視為修行之增上緣，萬萬不可堆積
在心中長無明草。

——《靜思語·第一集》

當下的心念——好的，應精進；不好的，應去除。

——《靜思語·第三集》

一念心向善，能讓眾生得救；一念心偏差，則天下亂象生。是凡或佛，是善或惡，總歸就是一念心，一切唯心造。

——《二〇二一年辛丑夏秋大疫大教育》

只要一念心轉，就能轉惡緣為善緣，
成就功德。

——《證嚴上人衲履足跡二〇一一年冬之卷》

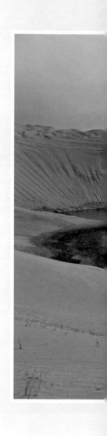

善念一起，再會合清淨的心、虔誠
的念，就可以共振擴散，從個人的
新生，漸而影響群體的改變。

　　——《證嚴法師菩提心要》20110806

一念善的種子，真正的植入心田裡，
就能生無量，能這樣，社會到處都會
很祥和。

————《證嚴法師菩提心要》20110806

每天都要清掃自己的心地，心中的
念頭也要分類、篩選，留存善念，
掃除煩惱惡念，無用的雜念也要清
除。如此一次又一次地整理、一層
再一層地分析排解，直到最後，心
地不再被煩惱占據，心的空間變大
了，心念回歸單純，就是「心寬念
純」。

—《證嚴上人衲履足跡二〇二〇年秋之卷》

一念愛心，可以造福人間；一念無私，
當下就是淨土。

　　　　　　——《靜思語・十在心路・貳》

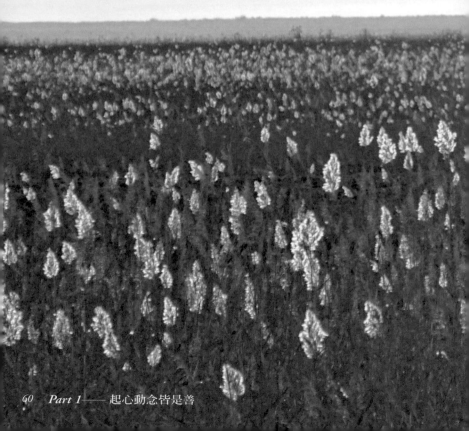

善念生，就會善解；惡念消，就不會作惡，則災難
自然遠離。

——《靜思語・第三集》

Part 2

成為「剛剛好」的人

「善」的意思是適度、剛剛好。不偏不倚、不極端、不會愛得太過分、也不會產生怨恨心。在人與人之間，沒有不平等的分別心——對自己所愛的人，能以智慧斷除占有的感情；對自己不愛或不投緣的人則能盡量善解，以好的心念去對待。

——《靜思語‧第一集》

Part 2──成為「剛剛好」的人

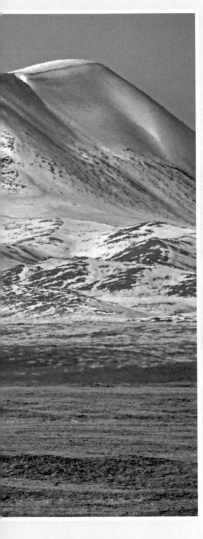

能善意掩蓋他人的不良習氣，弘揚其良好德性，且
不評論他人是非，這樣的人一定可愛又可敬。

——《靜思語‧第二集》

能惜福的人就能行善，能行善的人必能時時快樂，
這就是幸福人生。

——《靜思語‧第二集》

人之所以虛僞，只因貪欲心起。
若能棄除貪欲煩惱，心無雜念，
無欲無爲，才能得到眞「善」
和快樂。

　　　　——《靜思語·第二集》

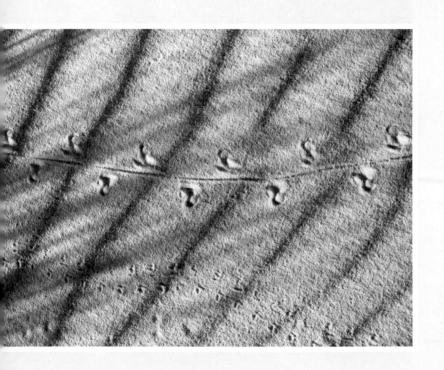

受人障礙莫起煩惱，對方以惡對待，我們以善回報，
就能漸漸化解惡緣；如清水不斷注入濁水中，終能
使髒污流散而徹底清淨。

——《靜思語‧孝為人本》

人人都有善心也有習性，必須與自己
競爭，堅持向善與向上，精進不懈怠。

——《靜思語·孝為人本》

用善解心過濾是非——濁流來到我這
裡，化成清流流出去。

——《靜思語·十在心路·參》

行善之念不可無，儘管曾經迷失，只要願意回頭，仍能接引別人，發揮生命的良能。

——《普天之下沒有我不原諒的人》

用眞誠心待人，用善解心與人互動。

——《靜思語・十在心路・參》

古云：「人之初，性本善。」每個人的心，都有善良、無染的本性。若清淨的本性受到後天污染，只要用心過濾洗滌，就能恢復清淨的原貌。

——《普天之下沒有我不原諒的人》

善就是「智慧」——智是「分別智」，慧是「平等慧」；有了智慧，就有善和美。

——《靜思語‧第一集》

善念時時生，慧命日日增。

——《靜思語·第三集》

人生之美，美在心靈善良，美在用
愛付出。

——《靜思語·十在心路·參》

Part 2──成為「剛剛好」的人

用善心待人，處處洋溢希望與祥和；以
惡念處世，時時湧現煩惱與不安。

——《靜思語·孝為人本》

以智慧善解，以愛彌補缺憾，逆緣就能
轉為善緣。

——《靜思語·十在心路·參》

保持寧靜的心，將人我是非當作教育；
把無明狂風，轉化爲滋養心地的春風。

——《靜思語·十在心路·參》

以單純心念，面對複雜人事；以圓融態度，搭起溝
通橋梁。

——《靜思語‧十在心路‧參》

人間好修行，能多付出一點、習氣改一點，善念不斷累積，好習慣不斷培養，自然所想、所做的，都會是善心、善行。

——《二○二一年辛丑夏秋大疫大教育》

人我是非的糾結，要自我開解；懂得善解，遇任何
困難都能過關。

——《靜思語・十在心路・參》

有志一同的人時時彼此鞭策、勉
勵，才能照顧好自己一念善心。

——《靜思語·第三集》

心寬就是善，念純就是美。

　　　　　　　　──《靜思語‧第三集》

行善要誠，處事要正，做人有信，待
人要實。

　　　　　　　　──《靜思語‧第三集》

人人都有本具的善良本性，無論哪一種族，都是愛
好和平；無論貧富，只要有愛心，就可以成為他人
生命中的貴人。

——《普天之下沒有我不原諒的人》

以「念純」自修——心念單純能自愛；以「心寬」
待人——廣結善緣心寬闊。

——《靜思語·第三集》

即使外境紛紛擾擾，內心永遠靜寂清澄，如此才能
克服一切困難而穩定前行。

——《證嚴上人衲履足跡二〇一一年冬之卷》

Part 3

一點一滴都是善

力量、因緣會合起來，就能成就無量功德。
有多少能力就做多少事，莫輕小善而不為，
更莫貪積財物而不捨。

——《靜思語‧第二集》

再窮、能力再微小，也能布施助人，
能付出就是有福。

　　　　——《靜思語‧十在心路‧參》

事不論大小，只要用心去做，都會
得到尊重與敬愛。

　　　　——《靜思語‧十在心路‧壹》

莫因善小而不為，小善累積
也能造福人群；不要輕視任
何人，即使被認為沒有能力
的人，只要善加引導，他也
可以發揮良能。

　　——《普天之下沒有我不愛的人》

凡事不能輕視微小，更不能輕視善小
而不為；很微細的一念善，即使伸出
手扶人一把，也許就可以救一個人，
甚至救了一家人。

——《普天之下沒有我不愛的人》

有心為善，但一個人的力量單薄；人人合心、和氣，將愛匯聚即能成就大善。

——《靜思語．十在心路．壹》

只要甘願付出，苦也能化爲甘甜，「辛苦」終將成
爲「幸福」。

———《證嚴上人衲履足跡二○二三年秋之卷》

做好事並不是為求名，也不是為求功德。抱著「盡本分」的心去做好事，才是真正的好事，才是至誠無私的善事。

——《靜思語·第一集》

不論貧富，從心靈拔苦，開展其愛
心，則人人都可以盡己所能，成為
救度人間疾苦的菩薩。

——《靜思語‧十在心路‧參》

菩薩道是在這分即時付出，時時用清淨、誠意的心去對人，這叫做菩薩道。內修清淨，外對人群的付出，常常準備著這股好的心，去做好的事，每天成為好人。做對的事情，做就對了。

——《證嚴法師菩提心要》20200829

不要認為善小就輕視不做，點點滴滴的付出，都是
成就無量功德的助力。

——《靜思語・第四集》

在剎那間發一念心，可以延續恆久，抱定「對的事，做就對了」的決心，就能在人間留下值得傳頌的歷史，造就有價值的人生。

——《證嚴上人衲履足跡二〇一一年冬之卷》

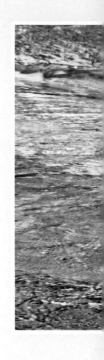

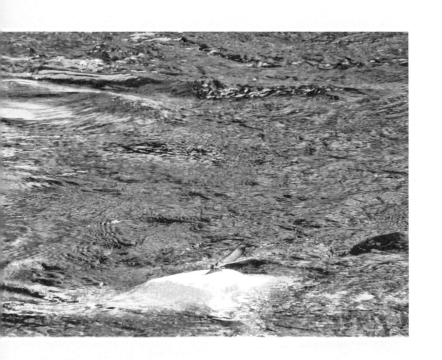

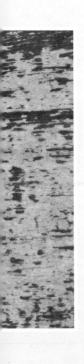

善不能以威權行之，亦即不能用善
心之名，把己意強加在別人身上。

——《靜思語·第一集》

行一分善，得一分福，就減一分災難。

——《靜思語‧第三集》

發心救人；即使是付出一毛、五毛，
都有一分自信心，相信自己也有能力
幫助別人。

——《證嚴上人衲履足跡二〇二三年秋之卷》

時間累積一切，要拓展每一分、每一秒的價值。

——《靜思語·十在心路·貳》

即使力量微弱，方向正確就要鍥而不捨。

——《靜思語·十在心路·柒》

Part 3 —— 一點一滴都是善

珍惜每一分、每一秒，踏踏實實爲社會人間付
出愛的希望。

——《靜思語·十在心路·壹》

一雙手無法做盡天下事，一手接一手，才能
串連愛與善。

——《靜思語·十在心路·肆》

一人之力小如螢火，若匯聚眾力，能
使光芒閃耀；行善助人從當下開始，
涓滴累積終能成河。

——《靜思語·十在心路·肆》

莫認爲「不差我一個人」，行善付出
「少不了任何一人」。

　　　　　　——《靜思語・十在心路・柒》

啓發善念，起而力行，大愛消弭大災。

——《靜思語・十在心路・柒》

一人一善、人人從善，敬天地、愛萬物，就能聚福緣。

——《靜思語・十在心路・捌》

Part 4

日日行善好因緣

只要有因緣能付出，就要把握因緣去做，若沒因緣，事做不成；有因緣不做，心裡空虛。所以要把握因緣，該做的事要勇於承擔，做得輕安自在，就是法喜充滿！

——《二〇二一年辛丑夏秋大疫大教育》

行善是本分、付出無所求，不執著「善有善報」自
然輕安自在。

——《靜思語‧第三集》

樂善好施得福報，知足善解得智慧。

——《靜思語・第三集》

造福人群，就是富有自己。

——《靜思語・第三集》

有的時候，細微的一點因緣，就會造福人間；也是細微的一點惡緣，就不斷危害人間。

——《證嚴上人衲履足跡二○二三年秋之卷》

無量功德是在日積月累中，分毫累積
聚集而成。

——《靜思語‧第二集》

人人起一念善，造一分福，可以匯聚
爲福氣，消弭災殃。

——《靜思語‧第三集》

一人一善，點滴付出，可以讓人人心地滋潤到愛的甘露。

——《靜思語·第三集》

為善如汲井水，即使汲取再多，仍會不絕地湧出，怕的是不掘井。

——《靜思語·第三集》

善念是無限的財富。

——《靜思語・第三集》

在救濟的同時，也要用方法施以教育，
要愛而不是寵，才能讓受助者得到教
育；當他們拿到救濟物資時，就會對
幫助他的人有情有愛，會對所拿到的
物資懷抱著很珍惜的心。

——《證嚴上人衲履足跡二〇二一年夏之卷》

人間處處有溫情，菩薩無處不現身。

——《靜思語‧第三集》

為善要有自信，才能發揮不畏懼的堅定力量。

——《靜思語‧第三集》

清除心靈舊怨，莫再新添煩惱；人人時時念念為善，
天下才能日日平安。

——《靜思語‧孝為人本》

人生要爲善競爭，分秒必爭。

——《靜思語·第一集》

愛心一啓發，行善有信心。

——《靜思語·第三集》

時間能創造福德，善用生命每分每秒，行善造福的力量就會源源不絕。

——《人間清涼境》

用感恩心付出，打開心胸去愛，能幫
助人的人最有福！

——《靜思語・十在心路・參》

所謂「布施」不完全指財物的布施，
溫言慧語或伸手助人，都是布施。

——《靜思語・十在心路・參》

在「感恩」中，發現人性純眞的善；在「付出」中，
掘出生命寶礦。

——《靜思語‧十在心路‧參》

每天灌溉心中愛的種子，每天付出一
點善念助人。永遠心中有愛，永遠用
心付出。

——《靜思語‧十在心路‧參》

鼓勵善行，在於喚起人人清
淨的愛心。

　　　　　——《靜思語·第三集》

多做一件善事，就放下一項
煩惱。

　　　　　——《靜思語·第三集》

要把握做好事的因緣，一旦因緣消逝，
想做就來不及了！有些人雖然想做好
事，卻想等到有錢或有機會才去做，
應知人生無常啊！只要有因緣，哪怕
是一點一滴的力量，也要趕快去做。

——《靜思語·第二集》

倘若懂得打開大愛的心門，將這分愛心普施於一切，便能體會到「為善最樂」的真諦；不論是有形或無形的付出，能幫助別人解決困難，就會感到心安理得，也會歡喜自在。

——《普天之下沒有我不愛的人》

在心中播下善種，恆持善心、善力，為天下苦難付出。

——《靜思語‧十在心路‧柒》

享受不是理所當然，行善
付出才是理所當然。

——《靜思語‧十在心路‧柒》

善與愛，是救世的最大力量。

——《靜思語‧十在心路‧柒》

Part 5

走在善的道路上

我們做事，一定要很「真」，這就是我做人的原則，很純真還要很誠懇；真還要「實」，實實在在，同樣要實在得很有誠意；還要更「善」，從過去一路走來，步步都踏在善的道路上，用善良的心在人間道上一步一步踏實走。

——《證嚴上人衲履足跡二〇二三年秋之卷》

人人發揮心中的愛,能凝聚善
的福業,形成善的循環。

—— 《靜思語·第三集》

感恩、報恩心能形成善的循
環,減少災難帶來的苦痛。

—— 《靜思語·十在心路·壹》

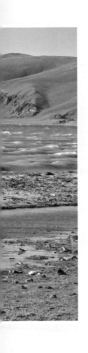

每一天都行菩薩道，每一天都心存善念，每一天都法喜充滿，那麼每一天都能夠成佛。所以要把握時間，分秒不空過！

——《二〇二一年辛丑夏秋大疫大教育》

人生實苦，但若愛與善的循環不息，就能轉苦爲樂。

　　　　——《靜思語·十在心路·參》

讓行善在生活中薰陶成習，讓大愛與感恩在內
心深處循環。

——《靜思語‧十在心路‧參》

要把握分秒的時間，見人就說慈濟，
廣布善的種子，讓菩提林立；開拓
善的道路，讓人走好路；廣招人間
菩薩，接引人成長智慧、造福人間。

——《二○二一年辛丑夏秋大疫大教育》

心能安守本分、不受誘惑，人生路
上就能克服難關，往善的方向堅定
前行。

——《靜思語·十在心路·參》

愛與感恩是善的循環。

——《靜思語·第三集》

一切唯心造，這是自然法則。眾生共惡業，所以氣候不調和、災情偏多；但若是人心有愛，人與人之間相互教育，好人典範愈來愈多，更多的人漸漸轉惡行善、少欲知足，人間的氣氛就會愈來愈溫暖，自然天地萬物也會調和平安，這就是善的循環。

———《二○二一年辛丑夏秋大疫大教育》

勇於投入荊棘遍野的荒地，不怕
刺、不怕傷，盡心開墾，只願有我
更美好。

　　　　——《靜思語・十在心路・貳》

所謂珍惜分秒，不只是把握時間做事，還要注意自己的心念，在分秒間不能有絲毫差錯，否則一時起心動念，會衍生種種煩惱無明，說錯話、做錯事。要讓心靈保持靜定，把心靜下來，回歸最清淨、最善良的本性，從這個純善的精神基礎，發揮人人的專業，都能利益社會人群。

——《證嚴上人衲履足跡二〇一九年冬之卷》

願力要廣、要大,從發心的那一刻開始,就要
一路堅持。

——《證嚴上人衲履足跡二〇二三年秋之卷》

生與死，是自然法則，由不得自己；
善與惡，操之在己，引導生命價值。

　　　　　　——《人間清涼境》

人生若只是向外求，心就會永遠懸在虛空中，空虛而不踏實；唯有腳踏實地，走在正確的道路上，即使時間消逝不停留，但時間也會自然地成就一切美善。

——《二〇二一年辛丑夏秋大疫大教育》

莫往惡的方向發揮功能，要往善的方向
發揮良能。

——《靜思語·十在心路·壹》

合心爲善，和氣同道，互愛扶持，協力
推動。

——《靜思語·第三集》

人人往善的方向走，就是一股「心力」；
善的心力強，惡的業力將無從生起。

——《靜思語・十在心路・肆》

生與死，是自然法則，由不得自己；善
與惡，操之在己，引導生命價值。

　　　　　　　　　　——《人間清涼境》

天上最美是星星，人間最美是溫情。

美在哪裡？美在愛心，真而純——視眾生如己子，無分別心付出，不受名利、愛恨牽扯，發自內心疼惜呵護。

美在哪裡？美在善行，精而誠——透徹無染、虔誠付出，沒有目的、不求回報，發好願、說好話、做好事，衷心給予眾生幸福與快樂。

有真純的愛心、有精誠的善行，就能妙用人生，如慈暉照大地，成就欣欣向榮的美妙人生！

——《人間清涼境》

後記

一點一滴累積，傳遞愛與善

蔡青兒
（靜思書軒營運長）

週六，我與四百多位小志工、大志工、還有同仁，一起回花蓮靜思精舍朝山。

早上集合時，阿嬤看到我就說，孫女小志工尹甄要把自己製作的吊飾交給我，還要把她很認真到處義賣、錢多到都蓋不起來的竹筒，請我轉交給上人。竹筒很重，其中的心意更是令人感動。

回花蓮朝山的前兩天，小女孩尹甄突然說，她想做吊飾義賣，把錢捐給土耳其地震的災民。父母親覺得孩子的想法很有智慧，便鼓勵她去做，也得到熱烈的迴響。

感恩惇師父的安排，讓二十位小志工及家長代表，可以短暫的跟上人請安。也圓滿了七歲小女孩想把募來的錢親自送給上人，還有送給上人吊飾的願望。

上人跟小女孩的對話很溫暖。

尹甄對上人說：「這是我自己做的的摩天輪，要送給師公。也期許自己的智慧可以跟摩天輪一樣高！」

上人接受後很歡喜，回答：「你的智慧要比摩天輪還高。」

尹甄對上人說：「希望上人每天轉動法輪。」

上人看著摩天輪，說：「我每天就來轉動它。」

尹甄將竹筒呈給上人，說明這是她義賣手作吊飾得來，要捐給土耳其。

上人問她：「這裡有多少錢？」

尹甄回答：「不知道。」

上人說：「那就是無量。」

真的是無量！上人對天下眾生的疼惜，鼓勵了小女孩；小女孩呼應上人救助天下蒼生，點滴的愛匯聚，無量無邊。

這是去年我親自陪伴小志工見上人的心路歷程。上人常常跟我們說，每天付出一點愛，不影響生活的狀況下積存善念，點滴匯聚，人人每天付出少許，就能累積救苦救難的力量。上人鼓勵人人，付出不分貧富，有些人此生雖然貧苦，但也是可以結好緣，集來生福。

這本書以《善，最好的禮物》當書名，「人之初，性本善」，每個人有生來就有的善念，這是一份禮物，需要我們去呵護，更重要的是，要常常把這份禮物與別人分享。上人曾經開示：「我們時時刻刻，不斷的鼓勵人人，要善念時時生，慧命才能日日增，每一天、每一個時刻都升起這一念善，行善之家有餘慶，所以我們每個人要時時增長善念。」善念可以是一份微笑、一份祝福、一份鼓勵，或伸出援手協助別人。

「賓哥」——攝影大師李屏賓——就是充滿善念的人。除了極高的美學品味，他也是時時保有善念，而且很真誠真切、言行一致的人。賓哥對每一個人都很好，無論到哪，就算是最小的小弟都是他的朋友。曾經有媒體報導，賓哥和導演姜文合作《太陽照常升起》，姜文形容他：「表面是一個樣子，內心是另一個樣子。」簡單來說就是鐵漢柔情；「鐵」在賓哥外表粗獷、塊頭又

大；「柔」的是他內心的體貼與善良。

　　幾年前，我們開始推動「靜思閱讀書軒」，在很多校園——尤其是偏鄉——設置一處適合孩子們閱讀、裡面有各種好書的空間。賓哥知道這件事之後，便主動以母親的名義，認養了一間書軒五十萬的設置經費。因為在他的心目中，母親影響他至深，他想要將母親的這份愛繼續傳承下去。

　　賓哥長期在世界各地拍攝，有時候要扛著攝影機待在酷寒、零下四十幾度的地方，有時候又要在非常炎熱的地方拍攝。例如要拍火燒的場景時，那種熱度是連攝影機都快承受不住的。每一次的拍攝都要拚盡全力，才能一點一滴累積所得，但他的內心充滿善跟愛，付出時毫不吝惜、且無所求。

　　有一次，我跟他分享閱讀書軒的點滴，他跟我說：「青兒，很羨慕你能做這麼多偉大的事，幫助了無數的

孩子，讓他們看見希望。還好今天的台灣有慈濟、有你們。也看到你每天都很充實快樂、有意義，真的讓人羨慕！忙碌之餘，不要忘記照顧自己的身體。」

感恩上人的智慧法語，還有賓哥用心拍攝的照片，一起出版成書。上人珍貴的句句字字如同一幅一幅的畫，反映了每一個人生，再搭配著一張又一張充滿藝術性的照片，給予人人真正的「靜」與「思」。

今年是翻譯過二十三種語文的《靜思語》出版三十五周年，《善，最好的禮物》此刻出版，正是給大家帶來最好、美好的祝福。

人與土地 51

善，最好的禮物：靜思心靈小語

作　　者—釋證嚴
攝　　影—李屛賓
特約主編—吳毓珍
責任編輯—陳萱宇
主　　編—謝翠鈺
行銷企劃—鄭家謙
封面設計— Javick 工作室
美術編輯— Javick 工作室

董 事 長—趙政岷
出 版 者—時報文化出版企業股份有限公司
　　　　　108019 台北市和平西路三段二四〇號七樓
　　　　　發行專線—(〇二) 二三〇六六八四二
　　　　　讀者服務專線—〇八〇〇二三一七〇五
　　　　　　　　　　　(〇二) 二三〇四七一〇三
　　　　　讀者服務傳真—(〇二) 二三〇四六八五八
　　　　　郵　　撥——九三四四七二四時報文化出版公司
　　　　　信　　箱——〇八九九　台北華江橋郵局第九九信箱

時報悅讀網— http://www.readingtimes.com.tw
法律顧問—理律法律事務所 陳長文律師、李念祖律師
印刷—和楹印刷有限公司
初版一刷—二〇二四年五月三日
定價—新台幣四五〇元
缺頁或破損的書，請寄回更換

善，最好的禮物：靜思心靈小語 / 釋證嚴著 . -- 初版 . --
台北市 : 時報文化出版企業股份有限公司 ,
2024.05
　面；　公分 . -- (人與土地；51)
ISBN 978-626-396-161-6(平裝)

1.CST: 佛教說法 2.CST: 佛教教化法

225.4　　　　　　　　　　　　　　113004904

靜 思 人 文
JING SI CULTURE
http://www.jingsi.org
http://www.tzuchi.org

ISBN 978-626-396-161-6
Printed in Taiwan